PSICOLOGÍA ANIMAL

Descubre qué papel juega en nuestra vida

Dr. Juan Moisés de la Serna

www.juanmoisesdelaserna.es

PREÁMBULO

En este libro se va a presentar desde la perspectiva psicológica una aproximación al reino animal, mostrando las diferencias y semejanzas con los humanos.
Igualmente se comentará cómo se trabaja con experimentación para la búsqueda de la cura de enfermedades y el tratamiento de trastornos.
Para por último ofrecer una aproximación a la terapia con animales para distintas psicopatologías.

ÍNDICE

Dedicado a mis padres

AGRADECIMIENTOS

Aprovechar desde aquí para agradecer a todas las personas que han colaborado con sus aportaciones en la realización de este texto, especialmente a Dª Noa Calleja Bárcena, directora de Equura Terapias Ecuestres.

AVISO LEGAL

CAPÍTULO 1. ¿QUÉ NOS DIFERENCIA DE LOS ANIMALES?

A pesar de que compartimos mucho con los animales, a lo largo del tiempo se han ido acumulando datos que muestran las características diferenciadoras de la especie humana con respecto al resto. Estas diferencias no son exclusivas de la especie humana, pero sí se conforma un cuadro irrepetible por la conjugación de las mismas que le hace distinto al resto del reino animal.

Del estudio y análisis de las semejanzas y diferencias entre el ser humano y el resto de los seres vivos se encarga una rama de la psicología denominada Psicología Comparada, la cual ha evolucionado de los datos recogidos por el naturalismo para compararlos e integrarlos con los obtenidos por otras ramas de la psicología, tratando de descubrir lo que hace genuino a la especie humana, si es que hay algo.

Algunos autores defienden que lo que realmente hace único a los humanos es la combinación específica de las características que los definen, por sí solas, estas se pueden observar en otros animales, de forma aislada e incluso en ocasiones mostrando mayores desarrollos que en los humanos, por ejemplo, los humanos pueden correr rápidos, pero esto queda muy por detrás de lo que pueden hacer otros animales como los guepardos; y así con multitud de casos en la naturaleza.

Otros autores indican que en los humanos se ha producido un salto cualitativo y no tanto acumulativo de características individuales, esto es, la capacidad de pensar y razonar, parecen ser exclusivamente humanas, al nivel de abstracción que se ha alcanzado.

Es cierto que en algunos animales superiores como en primates se ha observado comportamiento deductivo, pero este desarrollo ha sido comparado con el de un niño de dos años, a partir de esta edad, no existe parangón en la naturaleza sobre el desarrollo cognitivo humano.

A continuación, se muestran algunos casos, que, aunque no son exclusivos de la raza humana, en su conjunto si lo hace diferente del resto de los animales y lo define como especie.

*EL TIEMPO DE GESTACIÓN

De media en humanos es de 9 meses, no es de los más largos dentro de los mamíferos, por ejemplo, los elefantes pueden llegar hasta los 22 meses. Pero hay una característica distintiva de los bebés, con respecto al resto del mundo animal, y esto es la dependencia que éste tiene para sobrevivir, la cual se extiende durante años.

El cerebro es uno de los órganos que todavía no tiene totalmente formado el bebé en el momento de nacer, durante los primeros años de vida va a experimentar una serie de cambios tan importantes como son:

- Durante la etapa fetal entre el segundo y cuarto mes de vida, el cerebro ha sufrido un proceso de proliferación neuronal, seguido de otro de selección neuronal, donde se ha producido la apoptosis, es decir, una muerte neuronal programada, sobreviviendo únicamente la mitad de las neuronas que había. Tras ésta etapa, el cerebro va a mantener el número de neuronas durante el resto de su vida. Al menos ésta es la creencia que se tenía antes de descubrir la neurogénesis, es decir, la capacidad del cerebro de formación de nuevas neuronas, las cuales se pueden producir de forma limitada durante toda la vida incluso en etapas adultas.

- El proceso de mielinización neuronal, el cual consiste en recubrir los axones neuronales, que es la parte encargada de conectarse con otras neuronas, lo que facilita la interconexión entre ellas. Éste proceso se lleva a cabo en momentos diferente según la región donde se produzca, así se inicia en las áreas primarias sensoriales y motoras, concluyendo aproximadamente en la pubertad con la mielinización de las áreas de asociación frontales y parietales.

- El incremento de las conexiones neuronales, facilitado precisamente por la mielinización, y que tiene mucho que ver con las experiencias que va viviendo el bebé, y que van a conformar su cerebro. La expresión "Los niños son como esponjas", pues lo absorben todo, habla precisamente de ésta capacidad de aprendizaje de un cerebro en formación que se nutre de todo tipo de información proveniente de su entorno.

- El aumento del tamaño del cerebro, que en el primer año de vida se ha duplicado y en el segundo año se ha triplicado con respecto al tamaño de la cabeza del bebé al nacer.

- La neuroplasticidad, en donde las neuronas que previamente son indiferenciadas, van especializándose en el procesamiento de un determinado tipo de información, estableciendo conexiones con sus "vecinas", conformando así las regiones de procesamiento especializado como el área visual, auditiva, sensitiva o motora.

Todo éste proceso de maduración cerebral va a irse produciendo de forma paulatina a medida que va desarrollándose el organismo.

Pero éste desarrollo a pesar de que tiene mucho de programación biológica, es decir, una base genética que va estableciendo los pasos por los que el cerebro va a ir pasando, puede estar facilitado o entorpecido, gracias a la estimulación materna, incluso durante el embarazo, al menos así lo afirma una investigación realizada desde la Universidad de Helsinki (Finlandia), cuyos resultados han sido publicados en la revista científica Proceedings of the National Academy of Sciences.

En el estudio participaron treinta y tres mujeres, a la mitad de las cuales las hicieron oír repetidamente durante el día una pseudopalabra, es decir, una palabra inventada que no existe en su idioma, mientras que la otra mitad no escuchó nada nuevo.

Después del nacimiento al bebé se le evaluó empleando un electroencefalograma, que registra la actividad eléctrica del cerebro, encontrando que los bebés del primer grupo eran capaces de reconocer las pseudopalabras, lo que indicaría cierta capacidad de aprendizaje y memoria.

Con esto los autores quieren resaltar la importancia de la estimulación temprana en el desarrollo cognitivo, incluso antes del nacimiento, durante la gestación.

*LA MATERNIDAD

La mayoría de los animales, nada más nacer son capaces de ponerse en pie sobre sus patas y andar, o de nadar sin ninguna dificultad cuando son acuáticos, pero, ¿Qué pasa con los humanos?

El bebé humano es uno de los más indefensos y dependientes, precisando de cuidado y atención hasta más allá de la pubertad antes de ser independiente y autosuficiente; el momento de dejar su casa, con un trabajo con el que mantenerse, es el que se podría equiparar al de la independencia de los animales, que en la mayoría lo hace sin que haya pasado mucho tiempo desde que nació, y en los humanos a veces se prolonga hasta los 30 años, pero ¿Por qué es esto así?

Algunos autores han definido a la especie humana como aquella que está más indefensa durante mayor tiempo, así cuando nacen precisan del cuidado y la atención de sus semejantes, de protección ante los depredadores de otras especies, o incluso de sus congéneres. Pero si bien este es un proceso natural, como en todos los animales, en la especie humana se ve extendido del tiempo, más allá que en otras especies.

Así a las pocas horas, días, o semanas las crías ya pueden caminar, saltar o nadar libremente, pero los seres humanos tienen que estar continuamente auxiliados hasta que se consiga un desarrollo neuromotor y cognitivo suficientemente habilidoso para poder emprender el camino de independencia.

En estas primeras etapas de dependencia, los miembros de la comunidad o los progenitores, van a ser los que se encarguen de proporcionar cuidado y alimento a los bebés.

Tarea que en muchas culturas ha sido encargada a la madre, la cual desempeñará durante años esta labor formándose un vínculo muy importante tanto a nivel cognitivo como emocional denominado díada madre-hijo, pero ¿Qué efectos conlleva una madre con problemas mentales?

Esto es lo que se ha tratado de averiguar con una investigación realizada desde la Universidad de Maryland (EE.UU.), cuyos resultados han sido publicados en la revista científica Psychology.

En el estudio participaron ciento trece madres, con edades comprendidas entre los 29 a 54 años, que asistían con regularidad para recibir terapia psicológica en el propio centro de investigación, e igual número de sus hijos con edades comprendidas entre los 12 a 18 años.

Se realizaron tres evaluaciones; dos a la madre, la primera, midiendo la presencia de traumas psicológicos, mediante el cuestionario estandarizado denominado T.S.I. (Trauma Symptom Inventory); y la segunda mediante el cuestionario estandarizado denominado P.P.Q. (Parenting Practices Questionnaire), donde se hacía referencia al estilo parental empleado en la educación y relación con sus hijos; con respecto a los adolescentes se valoró la presencia de síntomas depresivos, empleando para ello el cuestionario estandarizado B.D.I. (Beck Depression Inventory).

El análisis al comparar los datos obtenidos con las pruebas anteriores, entre la presencia de traumas en la madre y su estilo parental, frente a la presencia de síntomas depresivos en los adolescentes, mostró relaciones positivas significativas entre que las madres obtuviesen altas calificaciones en traumas y estilos estrictos parentales con una mayor presencia de síntomas depresivos entre los adolescentes; y al contrario, bajos niveles de traumas en las madres, y un estilo parental más flexible correlacionaron significativamente con una menor presencia de sintomatología asociada a la depresión en adolescentes.

Una de las ventajas con respecto a este estudio, es que busca las implicaciones de la diada madre-hijo, más allá de los primeros meses e incluso años de vida, al analizar y participar en la investigación los hijos adolescentes de estas madres.

Entre las limitaciones, comentar que se trata de una población muy específica de estudio, la americana, por lo que se requiere de nueva investigación en otras localidades para comprobar si se obtienen similares resultados.

Igualmente, al limitar la investigación a la relación madre-hijo, se está obviando los posibles efectos que tiene la figura paterna tanto en interferir o facilitar dicha relación, por lo que se precisaría de incorporar en este mismo análisis a la pareja para comprobar sus consecuencias.

*LAS EMOCIONES

La información proveniente del exterior va a pasar por un primer tamiz, en el cual el sistema límbico debe de "dar el visto bueno" antes de ser consciente.

En éste sistema la amígdala juega un papel destacable, para identificar si los estímulos entrantes representan algún tipo de peligro o no, y de serlo pone en marcha al organismo para que pueda dar lo antes posible una respuesta de huida, quitándose de en medio o de freezing, quedándose helado, intentando que ese peligro no le vea.

Alegría, tristeza, rabia, culpa, son sentimientos que van a "teñir" la forma de ser y pensar, y en definitiva guiar el comportamiento, de hecho, la publicidad busca precisamente incidir en las emociones del consumidor, asociándolas con un determinado producto o servicio, de forma que cuando vea éste, recuerde la emoción que le provocó el anuncio y con ello tenga una mayor predisposición a adquirirlo.

Pero el mundo de las emociones, y por tanto la influencia del sistema límbico va mucho más allá de servir como filtro o para "sentir" emociones, ya sean estas positivas o negativas, además juega un papel fundamental en la atención, el aprendizaje o la toma de decisiones.

- La atención se ve inmediatamente captada por aquellos estímulos afectivamente cargados, frente a los "neutros", además de entre ellos, se atiende antes y con más intensidad a los que tienen una carga negativa, es decir, aquellos que pueden suponer un peligro para la persona y, por ende, requieren de una respuesta más inmediata para su supervivencia.

Una vez captada la atención, por parte del estímulo afectivo, es más fácil que se aprenda, o que se esté dispuesto a tomar la decisión, por lo que se trata de un proceso básico, necesario y previo a cualquier otro, que se produce de forma "instintiva", sin poder elegir aquello que llama la atención o no, aunque con posterioridad si se puede decidir, una vez que se sea consciente de lo que sucede alrededor, seguir prestando atención o dejar de atenderlo.

- El aprendizaje, cuando se piensa en ello, se suele hacer en los estudios "reglados", donde se debe uno sentar delante de un libro para "engullir" lo allí escrito. Lejos de ser algo monótono y repetitivo, se puede aprender "de todo", no sólo nombres, datos y fechas que es lo que se denomina conocimiento explícito, sino también a cómo realizar las cosas, por ejemplo, conducir, conocimiento implícito. Todo lo anterior puede ser estimulado en un ambiente afectivo afable, agradable y positivo, o entorpecido, cuando no se dan las condiciones anteriores.

Además de lo anterior, cualquier situación que se haya vivido o que alguien haya contado, va a quedar fuertemente registrada y por tanto aprendida, cuando ésta va acompañada de estímulos cargados afectivamente. Por ejemplo, casi todo el mundo puede describir multitud de detalles que se produjeron alrededor de aquellos acontecimientos positivos, como por ejemplo la boda, el nacimiento del primer hijo…; aspectos que por muchos años que pasen, estarán "tan vívidos como el primer día".

Igualmente, un acontecimiento desagradable como un robo, un accidente de tráfico… va a hacer que se recuerden esos momentos y los detalles de las circunstancias que lo rodearon, durante mucho tiempo.

De ahí que a veces a las personas les cueste superar el duelo, por un familiar o amigo perdido, ya que tiene vívidos recuerdos de todo aquello durante largo tiempo, lo que le provocará un daño psicológico continuado.

- La toma de decisiones, lejos de ser algo "frío y calculador", en que se busca el máximo beneficio para la persona, está mayoritariamente influido por el mundo emocional de la misma. Si se piensan en las grandes decisiones de la vida, con que pareja se comparte, qué estudios se realizan, dónde se adquiere la vivienda…, se puede uno "autoengañar" pensando que era la mejor opción y por eso se eligió, pero si se reflexiona sobre ello, se puede dar cuenta que existieron multitud de aspectos emocionales, implicados en dichas decisiones; ya sean sentidas por uno mismo, como aconsejadas por personas que se estiman y valoran.

Aspecto que queda constatado en un estudio realizado conjuntamente por la Universidad de Cambridge (Inglaterra), la Universidad de Radboud y la Universidad M.C. St. Radboud (Noruega) cuyos resultados han sido publicados en la revista científica Frontiers in Human Neuroscience en donde se realiza una exhaustiva revisión de los artículos publicados sobre la toma de decisión hasta la fecha.

En el mismo se analizaron los distintos factores que influyen a la hora de decidir entre varias opciones, prestando especial atención a la influencia social del contexto como modulador de las propias decisiones, ya sea desde el aprendizaje de conductas y valores dado por el aprendizaje social, como por fenómenos como la presión grupal, el conformismo social, la cooperación y estrés social entre otros, todo ello modulado por el campo de las emociones.

Las emociones son parte de la vida, sea uno consciente o no de ello, están presentes en cada una de las acciones y decisiones que se toman, de ahí la importancia de su estudio.

Entre los teóricos de las emociones, existen dos principales corrientes, aquellos que consideran a las emociones como un concepto univoco e inseparable que se extiende desde los afectos positivos hasta los negativos, en un continuo; y aquellos que lo consideran como un concepto multidimensional, compuesto por elementos cognitivos, conductuales y fisiológicos.

La emoción puede considerarse como un estado particular del sujeto, que le permite percibir y responder al medio ambiente (al modo del arousal). Simplificando, se podría considerar tres estados posibles, el positivo (alegría o felicidad), el neutro (indiferencia) y el negativo (tristeza, displacer o infelicidad); se trataría por tanto de un modo de percibir y responder ante el ambiente; cuando este estado se hace crónico, pasa a considerarse como un "rasgo" de la personalidad, es decir, el Individuo lo convierte en su modo habitual de respuesta, ante la estimulación interna o externa.

Cuando los estados emocionales se hacen crónicos, se "desajustan", aparecen desviaciones anómalas del procesamiento emocional, que van desde la acentuación de rasgos ansiosos o fóbicos, a patologías como el trastorno por ansiedad generalizada o el trastorno de depresión mayor.

Otra aproximación a la emoción, es considerarla como un procedimiento adaptativo de reacción cognitiva, fisiológica y conductual ante la estimulación ambiental o interna que puede ser positiva o negativa; por tanto, la emoción influye tanto en los pensamientos, como en el organismo y la conducta.

Entre las funciones de la emoción se destaca: coordina el sistema de respuesta conductual; modifica la jerarquía de conductas; proporciona mecanismos de comunicación y vinculación social; detiene o retiene brevemente los procesos cognitivos; facilita el almacenamiento y recuperación de información.

Se pueden distinguir dos procesos implicados en el procesamiento de la emoción, la percepción y experiencia emocional; así el primero implica un procesamiento cognitivo de bajo nivel, donde se percibe y evalúa el estímulo emocional; mientras que el segundo implica un procesamiento cognitivo de alto nivel, en el que se contextualiza lo percibido, y se interpreta según las experiencias previas.

Estos parecen ser procesos independientes, por lo que el procesamiento de la percepción emocional puede o no involucrar una experiencia emocional.

Con respecto a la relación entre cognición y emoción, han sido tres las posturas principales que se han adoptado; así por un lado hay quien defiende que, en determinadas circunstancias, las emociones bloquean y anulan la cognición, siendo precisamente las habilidades y capacidades afectivas, el rasgo que caracteriza a los humanos, en comparación con el simple procesamiento matemático o categorial de datos que sucede en un ordenador.

La postura opuesta defiende que aquello que define a los humanos y por tanto lo hace diferente de los animales, son los procesos cognitivos superiores, dejando relegadas las emociones a procesos secundarios, irracionales y casi siempre equívocos, propios de los animales. Una tercera postura, seria aquella que considera ambos procesos cognitivos como independientes, pero que en determinadas circunstancias trabajan de forma conjunta.

La existencia del circuito emocional-perceptual-memorístico en el cerebro humano está ampliamente consensuado, en donde la amígdala tiene un papel crucial registrando las ocurrencias de los estímulos emocionales. Así la información con contenido emocional tiene significativamente más probabilidad de ser mejor almacenada y recuperada frente a la información con contenido neutro.

La extensa conexión entre la amígdala y las regiones visuales extraestriado y del hipocampo, permite a la amígdala modular su funcionamiento y facilitar la función perceptiva y mnémica en esas áreas.

Sin embargo, hay evidencias que indican que el aprendizaje emocional asociado con la amígdala está limitado temporalmente, y que los efectos posteriores sobre la memoria podrían deberse a la participación de otras regiones del cerebro, como la corteza orbitofrontal.

Según lo comentado anteriormente, se estaría ante un circuito de procesamiento emocional, que contrastaría con la vía de procesamiento cognitivo especifica. En el circuito emocional los estímulos parecen ser analizados automáticamente de forma más ruda y rápida, siguiendo una estrategia configuracional, se trata de una comunicación simplificada, pero con información de gran relevancia, necesaria para la supervivencia y el desarrollo adecuado dentro del nicho ecológico.

Por lo tanto, esta capacidad de procesamiento en paralelo representa una ventaja competitiva para sobrevivir en el medio ambiente, ya que permite al sujeto evitar amenazas y peligros de forma inmediata, incluso antes de ser evaluada la información conscientemente en la corteza prefrontal.

*LA AGRESIVIDAD

Uno de los comportamientos tradicionalmente atribuidos al mundo animal a diferencia del humano es el de la agresividad como medio de subsistencia, ya sea con sus semejantes para conseguir y mantener un determinado estatus, como con sus presas.

En humanos, a pesar de que existen "rasgos" de agresividad en alguno de los comportamientos diarios, como gritar al que te realiza un adelantamiento indebido, estos no llegan a manifestarse como una amenaza para los semejantes, todo ello gracias a la socialización, es decir, la interiorización de valores y códigos de conducta, que permiten la convivencia en sociedad.

La agresividad se ve fomentada en determinados momentos de escasez de recursos, o cuando se está ante un peligro inminente, igualmente el sitio donde se vive, por ejemplo, en un barrio inseguro, puede acentuar esa agresividad interna como medio de sobrevivir ante un medio hostil, pero ¿De dónde "sale" la agresividad?

Algunos teóricos señalan a reminiscencias de los tiempos de las cavernas, donde la línea que separaba del mundo animal era muy fina, y en donde se regían por los mismos comportamientos instintivos para alcanzar un estatus y mantener su territorialidad. Algunos autores distinguen precisamente entre agresividad, entendida como algo "útil" para el individuo, y la violencia, como una conducta destructiva sin ningún fin en sí misma, aunque sus manifestaciones en peleas o agresiones a otro puedan a veces llevar a confusión.

El origen de la agresividad es multifactorial, ya que se debe tanto a un componente genético, como social y educacional, facilitado por el consumo de determinadas sustancias estimulantes, así como por algunos estados mentales distorsionados, como en el caso de los maniacos-depresivos, paranoides o psicóticos.

En humanos, durante muchos años se ha atribuido a la testosterona, como la responsable de la presencia de la agresividad, lo que explicaría por qué en la juventud que tiene los niveles más elevados de testosterona se muestran los comportamientos más agresivos, aunque también se ha observado cómo la agresividad genera mayores niveles de testosterona, por lo que no está claro cuál es el desencadenante de los dos.

Los estudios inicialmente llevados a cabo en hombres castrados indicaban que su menor agresividad se debía precisamente a la ausencia de testosterona, pero la administración de distintos niveles de testosterona soluble no muestra un incremento de la agresividad, por lo que se considera que es un elemento necesario, pero no suficiente.

Recordar que la testosterona, a pesar de ser una hormona presente principalmente en el hombre, no es exclusiva de él, ya que también la mujer la produce y se ve sometida a sus efectos.

Aunque existen grandes diferencias en cuanto a la expresión de la agresividad según el género, siendo más explosivo y directo en el hombre, llegándose a enfrentar "cuerpo a cuerpo", mientras que en la mujer es más sutil y en ocasiones psicológicas, produciendo el mismo o mayor efecto que el que se consigue con "los puños".

Como se ha indicado hasta hace unos años, se consideraba que a mayores niveles de testosterona mayor conducta agresiva exhibida, para lo cual se medían los niveles de ésta hormona en centros penitenciarios o se administraba de forma soluble a voluntarios.

Actualmente se está poniendo en cuestión dichos resultados, observando cómo la presencia de testosterona ayuda a tener un mayor juicio de valor a la hora de tomar decisiones, pero también puede llevar a un comportamiento prosocial, al menos así lo afirma un estudio de la Universidad Erasmus de Rotterdam (Países Bajos) cuyos resultados han sido publicados en la revista científica Psychologial Science.

En el mismo se analizó el comportamiento de cincuenta y cuatro mujeres a las cuales a la mitad se les administró testosterona diluida, mientras que al resto se le daba un placebo, observándola en dos tipos de tareas, una que implicaba competitividad y otra que no.
Los resultados informan que, en aquellas tareas de tipo colaborativo, las mujeres que habían bebido testosterona estuvieron más dispuestas a colaborar que las que tomaron placebo, desmintiendo con ello el efecto negativo de la testosterona en todos los casos, como agente "incitador" de la agresividad.

CAPÍTULO 2. LA PSICOLOGÍA DE LOS ANIMALES

La distinción entre humano-animal va mucho más allá de relatar una serie de diferencias evidentes en cuanto al período de gestación o de protección posterior, expuestos en el capítulo anterior.

Existen capacidades que se consideran exclusivamente humanas y que los hace seres diferentes y únicos al resto del reino animal, a continuación, se detalla alguno de estos:

* EL ALTRUISMO
Esta es una característica que muchos autores defienden que es exclusivamente humana, y que supone el sacrificio de uno mismo o de algo propio por un congénere, e incluso por alguien que no es de su misma especie.

Es cierto que puede confundirse con el sentimiento de grupo, donde un individuo llevado por el instinto de protección puede poner en riesgo su vida para defender a los suyos, pero esto va mucho más allá de un peligro real, ya que tiene más que ver con la generosidad, un concepto que raramente se puede encontrar en el reino animal.

Mucho se habla sobre que puede mejorar el comportamiento de los jóvenes centrados en "sus cosas", pero es indudable que es en esta etapa de formación cuanto más altruistas se muestran a la hora de ayudar.

El altruismo es para algunos autores aquello que define eminentemente al humano, y lo distingue del resto del mundo animal, dominados por sus instintos más básicos y el individualismo.

Los humanos son capaces de renunciar a algo propio y que se quiere, ya sea material, o simplemente el esfuerzo o el tiempo, para dárselo o dedicárselo a un congénere que lo necesita.

Sin el altruismo el concepto de sociedad estaría incompleto, ya que, si se rige exclusivamente por el individualismo y el egoísmo, escasamente se puede construir una sociedad, un claro ejemplo de ello se observa en el cuidado y protección de los miembros de la sociedad más débiles como los niños, ancianos o enfermos.

Sin altruismo su supervivencia no estaría garantizada, en cambio, con el altruismo se aumenta considerablemente no sólo su supervivencia sino la calidad de vida de éstas personas más dependientes de las atenciones de los congéneres.

Pero es evidente que dentro de la propia especie hay personas más dispuestas a ayudar desinteresadamente que otros, entonces, ¿Qué nos hace ser altruista?

Esto es lo que se ha tratado de responder con una investigación realizada conjuntamente por la Universidad Estatal de Arizona (EE.UU.) y la Universidad Sapienza de Roma (Italia) cuyos resultados han sido publicados en la revista científica Psychological Test and Assessment Modeling.

En el estudio participaron quinientos ochenta y nueve estudiantes americanos y novecientos noventa y tres estudiantes italianos, con edades comprendidas entre los 19 a 20 años.

Todos los participantes rellenaron varios cuestionarios directamente en la web de la investigación donde debían de responder a una serie de cuestiones sobre su conducta altruista y su motivación para hacerlo.

Los resultados con respecto a la motivación por ayudar a los demás mostraron seis perfiles diferentes, en función de dos dimensiones, la motivación intrínseca y la extrínseca.

La primera, la motivación intrínseca es definida como "algo" interno, que lleva a ayudar a los demás desinteresadamente sin esperar nada a cambio, en ocasiones se relaciona con las creencias personales ya sean religiosas o no, con la sensación de "sentirse útil" o con la autosatisfacción por hacer "algo bueno" reforzando la imagen positiva que se tiene de uno mismo.

En cambio, en la motivación extrínseca, a pesar de no obtenerse contraprestación por parte de quien recibe la ayuda, si se consigue indirectamente, ya sea mediante el reconocimiento social, o al cumplir con ello una norma o uso social, o una pena impuesta por un delito.

Los seis perfiles hallados por la combinación de los dos factores anteriores serían:

- El orientado exclusivamente a la motivación intrínseca.
- El orientado exclusivamente a la motivación extrínseca.
- El escasamente orientado a la motivación extrínseca, y un poco a la motivación intrínseca.
- El escasamente orientado a la motivación extrínseca, y mucho a la motivación intrínseca.
- El orientado altamente tanto a la motivación intrínseca como a la extrínseca.
- El escasamente orientado ni a la motivación intrínseca, ni a la extrínseca.

En ésta amplia investigación se observó que entre los estudiantes predominaba el tipo orientado altamente tanto a la motivación intrínseca como a la extrínseca.

Un resultado cuanto menos llamativo es que no se encontraron diferencias significativas en el porcentaje de ayudas realizadas entre hombres y mujeres, cuando tradicionalmente se tiene la idea de que en las instituciones y organizaciones de ayuda suele haber más mujeres voluntarias.

Igualmente comparando entre los estudiantes americanos e italianos, los americanos se mostraron más comprometidos a la hora de ayudar, mientras que los italianos mostraban menores niveles de motivación tanto intrínsecos como extrínsecos. A pesar de señalar éste hecho, los autores del estudio no entran a explicarlo.

Quizás los resultados hay que entenderlos teniendo en cuenta que son estudiantes universitarios y, por lo tanto, las conclusiones no puedan ser extrapolables a toda la población, ni incluso a los de su misma edad.

* LA COMPASIÓN

La compasión es vista en muchas culturas como una "debilidad" del ser humano; pero si se para uno a pensar, esto es precisamente lo que distingue al humano de muchos animales.

En una sociedad preocupada por los resultados individuales, en ocasiones se "da la espalda" el desarrollo de la compasión.

Cuando hay una persona anciana, enferma o discapacitada, se "activa" la compasión, y se tiende a ofrecer ayuda y protección; algo que ya se ha observado desde nuestros ancestros, al encontrar en enterramientos a personas con huesos fracturados cicatrizados, señal de que el grupo atendió y cuidó al accidentado, el suficiente tiempo como para que se curase.

La compasión es lo que se moviliza también en las causas solidarias, cuando sucede un problema social o catástrofe, y se recibe ayuda de verdaderos desconocidos.

Un protector contra las emociones negativas como la ansiedad, el enfado o el miedo, fomentando la amistad, y las relaciones sociales.

Un constructo que está muy relacionado con la empatía, la capacidad de entender las emociones del otro y ponernos en su situación, que está presente en la vida diaria, y se puede usar en mayor o menor medida según el desarrollo emocional, pero ¿Quiénes son más compasivos los hombres o las mujeres?

Esto es lo que se ha tratado de responder con una investigación realizada por el Departamento de Comunicación, Universidad Estatal de California (EE.UU.) cuyos resultados han sido publicados en la revista científica Journal of Happiness & Well-Being.

En el estudio participaron seiscientos trece estudiantes universitarios con edades comprendidas entre los 18 a 42 años, de los cuales trescientos diez eran mujeres.

A todos ellos se les administraron una serie de cuestionarios estandarizados, para evaluar el nivel de compasión se empleó el Compassion Scale; para el nivel de tensión personal a la hora de comunicarse se empleó el P.R.C.A.-24 (Personal Report of Communication Apprehension); para el nivel de neuroticismo se usó el H.S.N.S. (HyperSensitive Narcissism Scale) y por último para evaluar el nivel de agresividad verbal habitualmente empleado se usó el Verbal Aggressiveness Scale.

Como factores principales, los resultados muestran diferencias significativas en función del género en cuanto a la compasión, siendo más elevada en mujeres.

También se encontraron diferencias significativas en cuanto al nivel de tensión en la comunicación y en el uso de agresividad verbal, siendo en ambos casos mayor en hombres.

Por último, no se han encontrado diferencias en cuanto al narcisismo en función del género.

Como factores de interacción, se encontró que cuando se es más compasivo, se exhiben niveles más bajos de tensión en la comunicación, de agresividad verbal y narcisismo.

Entre las limitaciones del estudio está el emplear únicamente autoevaluaciones mediante cuestionarios, en vez de emplear otras de tipo observacional o role-play para comprobar cómo se comporta en una situación cotidiana.

En el estudio no se ha evaluado la Inteligencia Emocional, factor fundamental para comprobar el desarrollo de habilidades de relaciones interpersonales; tampoco se ha evaluado el nivel de alexitimia, relacionado con la capacidad de percibir las emociones en los demás y de dar una respuesta adecuada.

Igualmente, y tal y como indica la autora del estudio, la constatación de diferencias significativas no está acompañada de una teoría que explique dichas diferencias, ni sobre las implicaciones que esto conlleva.

La autora también indica que para nuevas investigaciones queda analizar los distintos tipos de compasión, según la proximidad afectiva del destinatario de la misma, así como la autocompasión.

A pesar de las limitaciones anteriores, a diario están surgiendo nuevos estudios que constatan las muchas diferencias hombre-mujer, sin que eso suponga una comparación de "mejor-peor", ni buscando degradar a ninguno de los dos.

Dicho lo cual, el cultivo de la compasión, mediante el desarrollo de la Inteligencia Emocional, va a hacer que se tengan menores comportamientos verbales agresivos, y tensiones en la comunicación.

Algo que, lejos de hacer a los humanos más "débiles", va a posibilitar establecer lazos afectivos, de amistad o íntimos más sólidos y duraderos, a la vez que permite tener una comunicación más cercana y directa, sin tensiones personales ni el empleo de la agresividad verbal.

* IDENTIFICARSE UNO MISMO

El desarrollo del menor es más rápido de lo que hasta ahora se creía, tal como sucede con la capacidad de identificarse uno mismo que aparece ya en los bebés.

La percepción de la sociedad que ha ido teniendo sobre los neonatos ha ido cambiando con el tiempo, desde no tenerse casi en consideración, a tratarle como un "pequeño adulto", hasta tenerle en cuenta como lo que es, un ser indefenso que se encuentra en una de las etapas más sensibles de la vida, con una capacidad casi infinita de aprendizaje.

Aún hoy en día, cuando se piensa que ya se sabe todo sobre esas "cositas" que a veces no sobrepasan los cinco kilos, surgen sorpresas debido a nuevos hallazgos sobre cualidades y capacidades que hasta ese momento se creía que se desarrollaban hasta mucho tiempo después. Las pruebas clásicas del "Test de la mancha" en la cual se le ponía al bebé una "mancha", ya sea un lazo de papel o pegatina sobre la cabeza, de color llamativo y se le presentaba delante del espejo.

Si el pequeño trataba de tocarse la cabeza intentando quitarse aquello que veía en el espejo, quería decir que era capaz de entender que aquello era su reflejo.

Si no mostraba ningún interés, o trataba de tocar aquella señal en la cabeza de la imagen del espejo, se entendía que no tenía todavía las habilidades cognitivas sobre la identidad personal suficientemente desarrolladas.

Ésta misma prueba ha sido administrada a multitud de animales, para evaluar, ya en edad adulta, si eran capaces de llegar a entender que el reflejo que ven de sí mismo, es eso, un reflejo, y no otro animal, capacidad que únicamente se ha podido observar en primates superiores, y que requiere de cierta experiencia previa con el espejo.

Experimentos que con el tiempo se han ido refinando, proporcionando nueva información sobre los bebés, que de otra forma sería imposible conseguir, ya que no se le puede preguntar como al adulto, sobre lo que ve, piensa o siente, ya que carece de las habilidades lingüísticas necesarias para ello, es por eso que hay que diseñar estas pruebas, en la que se observa hasta dónde llegan las habilidades de los neonatos y cuándo surgen.

La capacidad de identificarse uno mismo, como base para poder hacerlo a los demás, es un proceso progresivo, que hasta ahora se pensaba requería de años para adquirirse, ya que se tenía la concepción de que el bebé desde el nacimiento tenía una identificación con la madre que le impedía saberse como un sujeto independiente, proceso que con el tiempo y la experiencia le llevará a comprender que la madre no está ahí siempre, sino que a veces está y otras veces no, y él, en cambio permanece, iniciando así su toma de conciencia con respecto al mundo exterior y a uno mismo.

Igualmente, cuando la madre no satisface cuando y como quiere todas sus necesidades, se va convirtiendo en una figura separada que a veces produce gozo y satisfacción y en otras, frustración, todo ello va a ir reforzando la idea de "yo" frente al "resto del mundo". Identidad que le va a acompañar el resto de su vida y sobre la que puede construir su mundo interior y el exterior, así como establecer relaciones de dentro a afuera.

Un experimento realizado conjuntamente por la Universidad de Londres y la Universidad de Padova (Italia) cuyos resultados han sido publicados en la revista científica Current Biology analiza el comportamiento del bebé en cuanto a su preferencia en la observación de caras humanas.

Para ello se evaluó a cuarenta bebés, a los cuales se les hizo pasar por la presentación de imágenes de forma sincrónica y asincrónica, con estímulos visuales y táctiles, encontrándose una preferencia con los estímulos visuales sincrónicos cuando estos se refieren a su propio cuerpo, por lo que se entienden que ya desde esta corta edad se tiene conformada la capacidad de identificarse uno mismo.

Éste estudio además de proporcionar información sobre el desarrollo de la identidad de los bebés con respecto a su propio cuerpo, permite abrir una vía de investigación con respecto a los niños autistas, quedando por explorar su incidencia en éste trastorno.

Tal y como señalan los autores del estudio, hasta ahora la investigación sobre autismo se ha centrado en el deterioro social, sin tener en cuenta si el bebé, y luego niño, construye correctamente su identidad, desde la cual establecer sus relaciones sociales con los demás.

* TEORÍA DE LA MENTE
La investigación transcultural permite comprender si existen fenómenos psicológicos constantes a pesar de la distancia y sobre todo de la cultura, o estos se ven influido por el país en donde se desarrolle el individuo.
Uno de los temas que se han analizado es precisamente sobre la Teoría de la Mente, algo que surgió como una explicación válida y universal independientemente del lugar donde uno naciese, pero que los estudios más recientes han cuestionado su universalidad.
La teoría de la mente, da cuenta de un fenómeno que se creía exclusivo de la raza humana en comparación con otras especies animales, por el cual una persona es capaz de entender que el otro tiene sus propios gustos y forma de pensar, lo que le ayuda a predecir su comportamiento; siendo el engaño la forma más fácil de evidenciar esta teoría.
Si soy capaz de engañar al otro, es que sé lo que va a pensar esa persona y yo me anticipo para beneficiarme de ello.
Un comportamiento que se creía exclusivo de los humanos, hasta que se comprobó cómo también lo exhibían primates superiores, más próximos evolutivamente.
Actualmente desde la zoología y la biología en general, existen multitud de ejemplos de "engaños" dentro del reino animal, algo que no está aceptado por todos que sea suficiente para determinar que existe teoría de la mente.
Obviando ésta discusión moás biologicista, la teoría de la mente surge en los más pequeños por su experiencia y por el propio desarrollo cognitivo asociado, aunque éste no es un proceso que evolucione a la misma "velocidad" en todos ya que depende del país donde se encuentre.

Al menos así, lo afirma un estudio realizado conjuntamente por tres universidades, la Universidad de Cambridge (Inglaterra), la Universidad de Kyoto (Japón) y la Universidad de Pavia (Italia) cuyos resultados han sido publicados en la revista científica Child Development Research.

En el estudio participaron doscientos sesenta y ocho escolares, con edades comprendidas entre los 5 a 6 años de tres países diferentes, Inglaterra, Italia y Japón, realizándose comparaciones entre ellos.

Los resultados sobre la teoría de la mente evaluada con cuatro pruebas independientes, indican que los niños ingleses obtienen mejores resultados que los japoneses y que los italianos.

Los autores sugieren que la superioridad en los resultados de la cultura occidental (inglesa e italiana) sobre la oriental (japonesa) tiene su origen en la diferente forma de ver la vida y de afrontarla, lo que explicaría estas diferencias en la Teoría de la Mente.

Mientras que la superioridad del sistema inglés frente al italiano, se debe a que en el primero la incursión del pequeño en el sistema educativo se hace antes, por lo que, ante la misma comparación de edad, de 5 a 6 años, el inglés ya ha recibido suficiente estimulación que favorece un mayor nivel de Teoría de la Mente frente al italiano, que no ha tenido casi experiencia académica favorecedora al respecto.

Lo que evidencia distintos niveles de teoría de la mente en función de la localización y del sistema cultural en el que se ve inmerso desde pequeño.

Tal y como comenta el estudio la importancia de conocer la teoría de la mente es porque ésta se relaciona con el éxito académico y social del pequeño, sobre el que se cimienta las experiencias positivas que le van a ayudar a un mejor desarrollo futuro.

Éste estudio abre la puerta a la comprensión del fracaso escolar y de la necesidad de revisar los modelos educativos de cada país, para proporcionar, no sólo un conocimiento adecuado a los alumnos sino también un ambiente oportuno de motivación y de desarrollo cognitivo como es la teoría de la mente, debido al importante papel que éste va a jugar en otras áreas de la vida futura del pequeño.

Añadir a lo comentado hasta ahora sobre la Teoría de la Mente, que una de las capacidades más útiles para el desarrollo en la sociedad es la posibilidad de detectar falsas creencias tanto en uno mismo como en los demás.

Se considera que un niño tiene desarrollada esta capacidad cuando puede detectar los pensamientos propios y los de los demás, y compararlos con la realidad, dándose cuenta de cuando se produce un engaño.

Los humanos lo desarrollan como parte de la socialización, por el cual somos capaces de identificar el lenguaje no verbal de los demás y descifrarlo adecuadamente con lo que darse cuenta si le engañan, o de poder engañar a otros.

Esta habilidad que se desarrolla entre los 3 a 6 años y que se va perfeccionando a lo largo de la vida, permite, a aquellos que la tienen, poder pensar en lo que al otro le gusta, quiere y cree, como persona independiente de sus padres.

Antes de que esta capacidad surja los pequeños piensan que todos los demás saben, creen y quieren lo mismo que él, no siendo capaz de establecer una clara diferencia entre el mundo mental interno y el externo. Precisamente esta falta de separación entre el mundo interno y el externo es uno de los principios en los que se basan aquellos que determinan que esta falta de desarrollo se ve sobre todo en los pequeños con T.E.A. (Trastorno del Espectro Autista).

Una habilidad que les es muy difícil de desarrollar y que llega a ser característica de su condición, lo que le cierra buena parte del desarrollo social basado precisamente en saber que el otro tiene sus propios pensamientos, sentimientos y deseos, independientemente de los propios.

A medida que se crece y se va teniendo más experiencia, se es capaz, ya no sólo de saber que los demás piensan de forma diferente, sino de identificar que cada una de las personas tiene su propia mentalidad, y de ahí va surgiendo la posibilidad de colaborar con los deseos del otro, o aprovecharse con engaños de ello, pero ¿Es posible entrenar a niños para detectar falsas creencias?

Esto es precisamente lo que se ha tratado de responder con una investigación realizada desde la Universidad de Gerona (España) cuyos resultados han sido publicados en la revista científica Child Development Research.

En el estudio participaron setenta y ocho pequeños con edades comprendidas entre los 41 a 47 meses, de los cuales cuarenta y una eran niñas.

Todos ellos debían tener un desarrollo normal, por lo que tenían que pasar por una prueba de vocabulario estandarizado denominado Peabody Picture Vocabulary Test.

Se realizó un análisis previo y posterior tras el entrenamiento para comprobar la eficacia del mismo evaluado a través del Unexpected Content Task, donde se observaba si llegaban a comprender o no sobre las falsas creencias, lo que se completó con las respuestas razonadas sobre su elección.

Los resultados indican que aquellos niños con mejores puntuaciones en la prueba previa de comprensión de falsas creencias progresaron significativamente con el entrenamiento, mientras que aquellos que tenían puntuaciones bajas previas no mostraron diferencias en cuanto al aprendizaje. Lo que demuestra el escaso efecto del mismo tal y como está diseñado.

A pesar de informar sobre el número de participantes en función del género, no lo hacen con respecto al número de ellos que tenían mejores puntuaciones y que luego aprendieron mejor, lo que no permite concluir si los datos son igualmente válidos para ambos géneros, o este entrenamiento es más efectivo para niñas o para niños.

Igualmente, el número reducido de participantes hace que se requiera de nueva investigación al respecto.

Por último y no por ello menos importante, la implicación del entrenamiento a la hora de aplicarlo con niños con T.E.A., los cuales normalmente van a tener una puntuación baja, por lo que el entrenamiento tal y como está diseñado no les serviría para superar esta deficiencia en el desarrollo tan importante para las habilidades sociales y con ello la integración con sus iguales.

CAPÍTULO 3. EL MODELO ANIMAL EN LA SALUD HUMANA

Encontrar la cura de una enfermedad, o el psicofármaco adecuado para el tratamiento de un trastorno es un proceso largo y costoso.

El tratamiento en humanos precisa de fases previas de experimentación con animales, iniciando con ratones, donde se provocan efectos "parecidos" a los de la enfermedad o trastorno en humanos, y se les aplica el tratamiento, para observar sus efectos.

Si los efectos contrarios son "aceptables" y los beneficios son suficientemente claros se pasa a un nivel superior en la investigación animal, hasta llegar a los ensayos en humanos.

Este se suele realizar con un número limitado de pacientes, de seis a diez pacientes para observar si aquello que funcionó con animales también lo hizo con humanos.

Tras un análisis exhaustivo de las consecuencias del tratamiento a corto y medio plazo, y una vez aprobado por las autoridades competentes se pasa a un grupo más grande entre treinta a cien personas.
En estas pruebas es donde se observa los efectos secundarios, los cuales deben ser los menos posibles, y sobre los que se informa en los prospectos que acompaña cada medicamento.
A continuación, se comentan las últimas investigaciones en cuanto a tratamiento se refiere, en el que todavía se está en la fase previa de empleo del modelo animal:

* TRATAMIENTO DEL ALZHEIMER
A diferencia de otros trastornos, en el Alzheimer el desarrollo con medicamentos no ha sido capaz todavía de encontrar una cura para esta enfermedad.
A pesar de los muchos esfuerzos que se han hecho hasta ahora, y la cantidad de laboratorios implicados en la búsqueda de la cura de la enfermedad de Alzheimer, todavía no se ha descubierto un tratamiento que sirva para todos los pacientes. Es cierto que se ha avanzado mucho en el conocimiento de la enfermedad y de cómo ésta evoluciona.
Gracias al desarrollo de técnicas de neuroimagen se ha podido observar cuáles son las áreas que primero se afectan, y cómo con el tiempo va extendiéndose al resto del cerebro, lo que ha servido para centrar la atención precisamente en esas primeras áreas, y en las conexiones que de estas se desprenden como método de combatir la enfermedad.
Incluso se han conseguido resultados parciales que han logrado retrasar el avance de esta enfermedad neurodegenerativa, pero todavía la cura parece escaparse a los científicos, pero ¿Por qué es tan difícil encontrar la cura para el Alzheimer?
Esto es precisamente lo que se comenta en un informe realizado por la directora del Departamento de Salud de Inglaterra.

En el mismo se analizan los escasos medicamentos actuales y cómo esto se contrapone con la gran cantidad de nuevos medicamentos testados y desechados en los procesos de investigación de los laboratorios, que conscientes de la creciente necesidad se afanan por conseguir la cura para el Alzheimer.

En el estudio se ha recogido información sobre cuáles son las causas de esos "fracasos" farmacológicos, y el primer problema que se encuentran es la falta de transparencia de esta industria y la poca información que transciende sobre sus investigaciones, así recoge que, según los datos de la Oficina Económica de Salud de dos mil estudios con medicamentos iniciados, ciento diez concluyeron precipitadamente, siendo el 54% de los casos sin explicación.

De los restantes medicamentos que finalizaron su estudio, únicamente ciento noventa y siete se siguieron investigando, de los cuales el 30% tenía efectos sobre alguno de los síntomas de la enfermedad y el resto provocaban modificaciones en su avance. Quedando un 74% sin explicación de por qué no se continuaron analizando.

Lo que deja en evidencia dos cosas, primero la dificultad de encontrar un tratamiento, y segundo la falta de transparencia sobre aquello que "no ha funcionado", cuyo conocimiento facilitaría el avance sobre nuevas líneas de investigación.

Esta tasa de fracaso y abandono es bastante significativa, si se tiene en cuenta la inversión económica que supone cada uno de estos estudios.

Resaltar que el informe inicia con una revisión de datos sobre los casos estimados de personas en el mundo con la enfermedad de Alzheimer, elevando la cifra hasta los 47,5 millones de afectados para el presente año. Igualmente se resalta el fuerte impacto económico que supone la atención en el sistema de salud de los enfermos de Alzheimer, de más de 604 billones de dólares, lo que supone un 10% del P.I.B. mundial según datos de la O.M.S. (Organización Mundial de la Salud).

Todo lo anterior habla de un problema global que precisa igualmente de una solución global, independiente de los intereses económicos individuales de uno u otro laboratorio.

Además hay que tener en cuenta que si se focaliza la investigación en retrasar el avance de la enfermedad, no se consigue en sí una cura, que sería volver a tener las habilidades cognitivas antes de que apareciese la enfermedad; para lo cual únicamente se puede plantear con un tratamiento conjunto que incluya técnicas de neurorehabilitación, orientadas a fortalecer las capacidades que se mantiene, así como en buscar vías alternativas para conservar durante el mayor tiempo posible la autonomía y la independencia del paciente con lo que garantizar su calidad de vida.

Con esto se ha querido poner de relevancia la dificultad de determinados tratamientos y la necesidad del uso del modelo animal para las primeras fases de desarrollo, lo que, no garantiza que tenga éxito el medicamento.

Además, y complementando lo anterior, que se consiga desarrollar un fármaco con el que obtengan los efectos deseados en una enfermedad o trastorno en animales, al cual normalmente se le ha contagiado para que padezcan los síntomas que se quieren combatir con el medicamento experimental, no garantiza que cuando tenga que emplearse con un paciente, los efectos se mantengan.

Hay que tener en cuenta las grandes diferencias existentes, desde genéticas, anatómicas e incluso relativas a la complejidad el sistema nervioso, aunque básicamente son similares, luego, en la realidad no es así, de ahí que sea tan difícil de obtener una cura para el tratamiento de una enfermedad tan devastadora como la del Alzheimer.

* TRATAMIENTO DEL PÁRKINSON
La distonía neurocirculatoria, es la modificación del correcto "uso" de la musculatura por parte del organismo.

Un ejemplo de ésta modificación, es cuando se han realizado ejercicios sin el calentamiento previo oportuno, es frecuente, que durante las horas siguientes se sientan calambres. Igualmente, el ejercicio excesivo de un grupo de músculos, puede hacer que temporalmente éstos queden "flojos" y flácidos, recuperando su "tono" muscular pasadas unas horas.

La musculatura repartida por todo el cuerpo, permite a la persona realizar los movimientos gracias a su capacidad de contracción y relajación de los tejidos blancos que lo componen. Todo ello "guiado" desde el sistema nervioso central, quien da las órdenes que permiten realizar los movimientos de forma coordinada.

Nada más que hay que pensar en todos los grupos de músculos implicados en el andar, y que sin un "plan" establecido, sería dificultoso e incluso imposible poder hacerlo tan "armoniosamente".

Cuando esta distonía es crónica, se denomina síndrome distónico, en donde se ve alterado la tonalidad de la musculatura, ya sea total o parcialmente, normalmente asociado a causas genéticas o por un traumatismo craneoencefálico, lo que se puede expresar con pérdida de fuerza en los músculos, calambres, espasmos involuntarios, temblores, y descoordinación de los movimientos, acompañados en algunos casos de dolor.

Además de los signos, entre los síntomas está la inquietud por sus movimientos, tratando de ocultar sus manos y pies, carraspeo frecuente, debido al cambio de tonalidad de la voz, todo lo cual va a conllevar agotamiento físico y psicológico, dificultades para concentrarse, alteraciones del estado de ánimo, debido a esa sensación de falta de control de su propio cuerpo, problemas digestivos y alteraciones del sueño, lo que en algunos casos le conduce a la depresión

Síntomas parecidos a los que expresan los pacientes, con síndrome de Tourette también denominado de tics crónicos, donde se dan también signos motores involuntarios expresados a modo de tics, que producidos crónicamente van a interferir en el normal desarrollo de la vida social, ya que suelen estar asociados a la coprolalia, que es la emisión de "tacos", palabras obscenas y socialmente inadecuadas, causadas por su falta de control.

Una alteración en el tono muscular, va a ser también indicativo de que algo no va bien dentro del organismo, ya sea a nivel neurológico o medular, relacionado normalmente con el sistema nervioso; cuando éste se "deteriora" por alguna enfermedad neurológica puede producir enfermedades como la de Parkinson o la Corea de Huntington, también denominado Bailes de San Vito.

Un estudio realizado por la Universidad de Leicester (Inglaterra) cuyos resultados han sido publicados en la revista científica Science Translational Medicine afirma que ha dado un paso decisivo contra las enfermedades neurodegenerativas como el Alzheimer o el Parkinson. El equipo de investigación encontró hace tiempo que las células neuronales morían precipitadamente al acumularse una determinada proteína, a partir de ahí han diseñado una nueva "droga" que bloquea dicha proteína, proporcionando mayor vida a las neuronas.

La investigación que todavía se encuentra en fase de experimentación con animales, ha mostrado resultados positivos a nivel neuronal, aunque con ciertos efectos secundarios al dañar el páncreas, debidos a la toxicidad de la droga.

Todo ello abre una puerta a la esperanza ante unas enfermedades que hasta ahora tenían limitadas opciones en el ámbito farmacológico, siendo en todo caso necesaria la reeducación funcional de las capacidades "perdidas" por parte de los pacientes, de forma que se puedan compensar las habilidades afectadas con nuevas estrategias.

Aunque se trata de un avance incipiente, del que todavía hay que esperar un largo camino de experimentación antes de convertirse en un fármaco disponible para pacientes con demencias y otras patologías neurodegenerativas que cada vez afecta a más población, debido principalmente a causas demográficas, por el creciente envejecimiento gracias al aumento de la esperanza de vida.

El modelo animal es imprescindible, a pesar de los muchos avances realizados, y de las simulaciones que se puedan desarrollar mediante computadoras, únicamente la respuesta ante un ser vivo puede informar sobre, si los efectos que provoca son los deseados o no.

* TRATAMIENTO DEL AUTISMO

El T.E.A. a día sigue siendo un misterio para la ciencia en muchos de sus aspectos, ya sea en el ámbito de la detección temprana como en el de la intervención, tal es así el desconcierto que despierta que todavía no existe una teoría explicativa al respecto, o mejor dicho existen tantas y todas válidas, que no hay una dominante.

Algunos teóricos se limitan a describir los signos y síntomas del T.E.A., otros en cambio tratan de conocer sobre su origen, factores desencadenantes y evolución.

Con respecto a este segundo grupo, no se tiene claro el papel genético en el T.E.A., siendo esencial para unos, y solo una mínima explicación para otros.

Algunos autores tratan de explorar teorías de índole psicológica como la teoría de la mente para dar cuenta de las deficiencias en la capacidad de ponerse en el lugar de otros.

Hay autores que defienden que se trata de un problema eminentemente social, ya que es ahí donde muestra las mayores deficiencias, y por tanto donde hay que centrar el tratamiento.

Una variedad de teorías que obedece a una mezcla de sintomatología diversa con el propio desarrollo del menor y que da como consecuencia un retraso en el desarrollo comunicativo, funcional y social del menor.

Un problema que requiere de una compleja intervención, que en la mayoría de los casos consigue una recuperación parcial de las funciones, sin llegar a una equiparación total del desarrollo del menor con lo que corresponde por su edad.

A todo este "caos" teórico y práctico con respecto al T.E.A. hay que añadir los grupos de investigación que tratan de estudiar sobre el origen del mismo desde el punto de vista genético.

Los estudios previos al respecto informan que el riesgo de incidencia es muy reducido, salgo que se tenga previamente un hijo con autismo en donde se eleva entre un 5 a 20%, o que se tenga un mellizo con T.E.A. donde el riesgo asciende a un 90%.

Entonces si no se trata de la herencia, la genética debe de incidir en las primeras etapas para que tenga consecuencias posteriores positivas en el desarrollo, de ser así, y tal y como se hace en otras enfermedades se podría tratar incluso antes de que el pequeño naciese con una "simple vacuna", pero ¿Existe una vacuna para el T.E.A.?

Esto es precisamente lo que acaba de afirmarse desde la División de Desarrollo de Vacunas del Instituto Tecnológico Wyoming (EE.UU.) según se desprende de un informe emitido desde su web.

El estudio realizado en animales en concreto en la mosca Drosophila melanogaster, ha conseguido detectar e incluso reparar los efectos del equivalente a un T.E.A.

Tras detectar y aislar los factores implicados genéticamente, que tienen que ver con una mutación en los receptores de la dopamina, se ha conseguido diseñar una vacuna que consigue impedir que se produzcan dichos errores en el desarrollo genético del descendiente, evitando así que surja del T.E.A.

Hay que tener en cuenta que, al tratarse de un modelo animal, todavía requiere de mucha investigación antes de que se puedan realizar los primeros ensayos en humanos, ya que hay que garantizar que no se produzcan efectos secundarios adversos, con peores consecuencias que el propio T.E.A.

Entre los detractores de este avance están aquellos que sospechan de los efectos nocivos para la salud que pueden provocar algunas vacunas, que incluso en el pasado han sido relacionadas con la propia aparición del T.E.A., de ahí la desconfianza de una nueva vacuna cure lo que "otra estropeó".
Igualmente, la concepción del T.E.A. como algo exclusivamente genético va en contra de todas las teorías psicológicas, sociológicas e incluso de neurodesarrollo planteadas hasta el momento, ya que si fuese así de "simple" no se precisaría más de ningún tipo de intervención, ni detección temprana, ni nada de lo que actualmente está establecido y validado para el tratamiento de pacientes con T.E.A.
Esto no quita que los resultados sean prometedores, pero habrá que establecer, primeramente, si son suficientemente seguros, y segundo, en qué casos sí se puede aplicar la vacuna y en cuáles no. Ya que parece demasiado precipitado afirmar que con esta vacuna se puede acabar con el T.E.A. del mundo, como si fuese la enfermedad de la polio o cualquier otra que actualmente se está combatiendo para erradicarla.
El modelo animal, permite no sólo diseñar y probar medicamentos de tipo paliativo, es decir, para compensar o frenar los efectos negativos de un trastorno o enfermedad; si no que permiten ir más allá e incluso se puede pensar en diseñar vacunas de forma preventiva para que no se presenten estos problemas de salud.
Son muchas las enfermedades que se han llegado a erradicar en los países desarrollados gracias a las campañas de vacunación obligatorias para todos los menores, una forma de poner el remedio antes de que surja la enfermedad, y todo ello gracias a la investigación basada en el modelo animal.

CAPÍTULO 4. TERAPIA CON ANIMALES

Los beneficios de trabajar con los animales, no se quedan en ser "conejillos de laboratorio" con los que experimentar nuevos medicamentos, ya que estos, de por sí pueden convertirse en fuente de salud para las personas, conseguido en muchos casos simplemente por su presencia.

Que los animales de compañía, las mascotas, son un remedio para la soledad, es algo bien conocido, pero igualmente han mostrado ir más allá de este beneficio, siendo empleado con personas con necesidades especiales, de ahí que a nadie extrañe ver a un perro lazarillo con su dueño; incluso hoy en día se usa en el caso de pacientes con enfermedades neurodegenerativas, como es el caso del Alzheimer.

Caballos, gatos o pájaros se han empleado como complementos terapéuticos para muchos de los problemas de salud relacionados con la integración, la discapacidad e incluso la soledad, pero de entre todos los animales de compañía, quizás por su docilidad o por su inteligencia, el perro ha sido el que mejores resultados ha proporcionado

Cuando uno piensa en soledad lo suele hacer en personas aisladas, alejadas de su mundo, sin querer comunicarse. Lo primero que hay que distinguir es entre soledad y aislamiento, el primero tiene que ver más con un sentimiento propio, independientemente del número de personas que le acompañe en ese momento; mientras que el segundo hace referencia a la ausencia de cualquier otra persona alrededor.

Igualmente, puede darse el caso de que la persona viva aislada de otros, pero que no sienta la soledad, ya que esta puede verse suplida por algún animal de compañía haciendo que psicológicamente la persona no se sienta así.

Otra distinción es la que hay que realizar entre la soledad y la depresión. La segunda se trata de un problema de salud mental, en el que predominan sentimientos de tristeza, como en el caso de la soledad, pero no sólo es eso, la depresión va mucho más allá e incluye anhedonía, disrupciones del sueño y de la comida... todo un cuadro clínico que no se observa en la soledad.

Muchas veces la soledad en los ancianos proviene de haber perdido "por el camino" a su pareja, familiares y amigos; así a mayor edad, es más probable que aquellos que ha conocido ya no estén a su lado, lo que provoca que la persona sienta esa soledad.

Un estado que hasta hace poco se creía inherente a la condición de la persona y a su edad, es decir, que esa sensación le va a acompañar durante todo el día, la semana y el mes, pero ¿Sabes cuándo los ancianos sienten más la soledad?

Esto es precisamente lo que se ha tratado de explorar con una investigación realizada conjuntamente por la Universidad de Londres y la Universidad de Kent (Inglaterra), cuyos resultados han sido publicados en la revista científica The Open Psychology Journal.

En el estudio participaron treinta y cuatro ancianos con una media de 74 años, de los cuales únicamente el 30% mantenía su pareja, estando el resto sin pareja, ya sea porque ha enviudado (30%), separado o divorciado (20%) o simplemente no ha tenido pareja (20%).

Los datos se extrajeron durante el 2012 y 2013, empleando para ello un seguimiento mensual por correo y con posterioridad se les hizo una entrevista con detalle, con lo que se obtuvieron cinco medidas, en Junio, Septiembre y Diciembre del 2012, y en Marzo y Junio del 2013.

Los resultados indican que durante el verano (12,96%) se sintió menos soledad que durante el invierno (46,3%).

Con respecto a la semana, los mayores sienten más soledad los fines de semana, (51,88%) frente a cualquier otro día de la semana.

Los datos indican que durante la tarde-noche (42,59%) se siente más soledad que durante el día (14,81%)

Aunque los resultados son claros, hay que tener en cuenta que el estudio se ha realizado sobre población inglesa, lo que no permite extrapolar los mismos a otras poblaciones con unos usos y costumbres e incluso climatologías diferentes.

Igualmente, hay que señalar que los resultados se obtuvieron mediante autoinforme, por lo que estos datos pueden verse "alterados" por el recuerdo de la persona, por lo que se requiere de incorporación de medidas indirectas como la observación para poder concluir al respecto.

A pesar de las limitaciones del estudio, es importante señalar que los resultados pueden ser empleados para implementar algún tipo de terapia de acompañamiento para estos ancianos cuando más lo necesitan, en concreto, las "peores" fechas serían en invierno, los fines de semana, durante las noches.

Así por ejemplo en los centros de día o en las residencias, se podrían tener en cuenta estos resultados para establecer políticas de "reforzamiento" e incluso trabajar con distintas dinámicas para que los ancianos no se sientan tan solos en esos momentos.

* TERAPIA CON PERROS
Como se ha visto la soledad es un problema importante a tener en cuenta, para superarlo se han realizado diversas experiencias con resultados muy positivos, al incorporar visitas de perros amaestrados a centros geriátricos, donde se observa cómo el día que va el dueño con el animal, los ancianos parecen estar de mejor humor.
Lo que ha motivado desde hace tiempo a la colaboración entre centros caninos con los de cuidado de personas con necesidades especiales y geriátricas, pero ¿Es adecuado tener un perro con un niño con autismo?
Esto es lo que se ha tratado de averiguar desde la Universidad de Lincoln junto con la Universidad de Bath, el Centro de Investigación del Autismo y la Asociación de Perros para Discapacitados (Inglaterra), cuyos resultados han sido publicados en la revista científica Journal of Autism and Developmental Disorders.
En el estudio participaron sesenta y dos familias, con edades comprendidas entre los 2 a 16 años, todos ellos contaban con un hijo diagnosticado con T.E.A.
De ellos el 60% adquirieron un perro de compañía, mientras que el resto de las familias no lo hicieron, quedando como grupo control para comprobar los beneficios o no de contar con una mascota en casa.
A todos ellos se les administraron pruebas antes y después para comprobar la influencia de la mascota, para ello se evaluó 17 semanas antes de empezar el experimento, como línea base; entre tres a 10 semanas desde la adopción, y tras 25 a 40 semanas después, para comprobar que se mantengan los efectos.
Se empleó el cuestionario estandarizado de evaluación de estrés para padres con hijos autistas denominado Parenting Stress Index, formador por treinta y seis ítems que dan una puntuación global.

Doce ítems evalúan el estrés percibido por los padres, doce ítems la relación paterno-filial, y los doce restantes las dificultades o no de tratar con su hijo diagnosticado con T.E.A.

Los datos indican que hay diferencias en la puntuación global del estrés entre los dos grupos, produciéndose una disminución significativa de los niveles de estrés entre los progenitores que habían adoptado a un perro frente a los que no.

Estos efectos se observaron únicamente en cuanto al nivel de estrés de los padres y las dificultades percibidas de los hijos diagnosticados, no afectando a la relación paterno-filial.

Los resultados anteriores fueron significativos comparados con la línea base, y se mantuvieron igual en ambas medidas posteriores, lo que informa de la robustez de los efectos en el tiempo.

Parecen claras las conclusiones que se pueden extraer de esta investigación, pero hay que tener en cuenta que en el estudio no se comenta ni el tipo de perro, el entrenamiento recibido, ni la edad de este, variables que pueden ser importantes a la hora de pensar en adoptar a un animal de compañía.

Tampoco se informa sobre si alguna familia de los dos grupos pudiese tener otro tipo de animal de compañía que pudiese provocar efectos beneficiosos.

Destacar también que toda la evaluación la han adquirido de un cuestionario, y no de ningún tipo de observación externa, por lo que las familias implicadas en el estudio con perros podrían haber "mejorado" sus resultados dado a un fenómeno de deseabilidad social, contestando aquello que creían esperaba el investigador, por lo que sería preciso añadir otras medidas para corroborar sus efectos.

A pesar de que se requiere de nueva investigación y mayores controles para poder establecer conclusiones al respecto, los beneficios de tener un perro en casa parecen claros en cuanto a la reducción del estrés que suponen.

Igualmente sería conveniente analizar otros beneficios que pudiesen transferirse del contacto con el perro por parte del pequeño con autismo, más allá de la reducción de los niveles de estrés ya comentados.

* TERAPIA CON CABALLOS

Para hablar sobre los beneficios de la Equinoterapia, transcribo la entrevista que realicé a Dª Noa Calleja Bárcena, directora de Equura Terapias Ecuestres, quien habla sobre su empresa y la labor que realizan.

- ¿Qué es Equura Terapias Ecuestres y cuál es su objetivo?

Equura Terapias Ecuestres es una Asociación sin ánimo de lucro dedicada a las I.A.C. (Intervenciones Asistidas con Caballos) para personas con discapacidad y/o en riesgo de exclusión social, así como personas con problemas psicológicos leves.

Dos de sus objetivos más importantes son:

1. La promoción de la intervención socioeducativa en el deporte ecuestre

2. Facilitar el acceso a este tipo de terapias a personas con escasos recursos económicos.

- ¿Cómo surge Equura Terapias Ecuestres y cuál es la labor que realizan?

Equura surge después de muchos años de que sus fundadores hubiésemos observado la poca accesibilidad que existe en el mundo del caballo, ya no solo a nivel terapéutico, sino también a nivel deportivo, ya que es un mundo poco accesible sobre todo a nivel económico. La idea con la que se fundó Equura fue proyectar y fomentar las I.A.C. para que sean más reconocidas en nuestro país, así como hacerlas más accesibles a las personas que puedan beneficiarse de ellas, combinando nuestra pasión por los caballos con nuestra vocación profesional.

Equura realizamos sesiones a nivel particular y/o para entidades que trabajan con los mismos colectivos que nosotros.

Además, estamos en constante búsqueda de financiación para llevar a cabo la oferta de becas de Terapias Ecuestres para personas con escasos recursos económicos.

- ¿A quién va dirigido Equura Terapias Ecuestres?
A cualquier persona con discapacidad (intelectual, física o sensorial), a personas en riesgo de exclusión social, y a personas con problemas psicológicos leves o problemas sociales.
Actualmente tratamos de manera semanal trastornos como: Síndrome de Asperger, Mucopolisacaridosis tipo III o Síndrome de San Filippo, T.E.A., T.G.D., T.D.A.H., Parálisis Cerebral, niños con problemas de inserción social, altas capacidades, hidrocefalia, trastorno del desarrollo intelectual, niños con baja autoestima y enfermedad mental.

- ¿Cómo trabaja Equura Terapias Ecuestres de forma individual o colectiva?
Normalmente trabajamos de forma individual y periódica (semanal o bisemanalmente), de manera que la sesión está totalmente personalizada para el usuario y sus necesidades y capacidades.
Las sesiones se basan en un plan de trabajo individual personalizado, que se realiza tras una entrevista personal con los padres/tutores del usuario y otros profesionales que trabajan con él, así como un plazo de observación y evaluación del jinete de cerca de un mes. En este plan de trabajo se plasman los objetivos a conseguir en el plazo de un curso escolar en 5 áreas distintas: cognitiva, social, emocional, motora y habilidades ecuestres.
Cuando trabajamos con centros que nos hacen visitas puntuales, trabajamos de forma colectiva adaptando la Intervención a las capacidades generales del grupo y dividiendo la sesión en actividades por tiempos, de manera que cada usuario reciba una atención personalizada que se adapte a sus capacidades.

- ¿Con qué medios materiales y de persona cuenta Equura Terapias Ecuestres?

Equura Terapias Ecuestres cuenta con un equipo multidisciplinar de profesionales de la salud y la educación que lo formamos:
Una Educadora Social especialista en Pedagogía Terapéutica, experta en I.A.C. por la Federación Española de Terapias Ecuestres. Jinete de salto desde el año 1994.
Una psicóloga especialista en mujeres y salud, doctorando en educación emocional, jinete de doma.
Colaboran con nosotras: Una fisioterapeuta neurológica, una terapeuta ocupacional, una psicóloga técnica en I.A.C. y una Psicopedagoga.
También contamos con alumnos en prácticas del último curso de la Facultad de Psicología de la Universidad de Comillas que están con nosotros a lo largo de todo el curso escolar.
Disponemos de diferentes pistas y localizaciones donde realizar las actividades: 1 pista de 10x20m descubierta, 1 pista de 20x60m descubierta, 1 pista redonda de cuerda, boxes de 2x2m, guadarnés, 1 aula para proyecciones, charlas, clases teóricas... todo esto sumado a la posibilidad de salir al campo.
Además, el centro cuenta con club social para hacer más amena la espera de los padres, así como para resguardarse de las inclemencias del tiempo.
El material con el que trabajamos consta de:
Material didáctico vario
Material de estimulación orofacial
Material de comunicación aumentativa y alternativa
Material de estimulación sensorial
Material de estimulación neuromotora
Material de evaluación psicológica
Material de estimulación y entrenamiento cognitivo
Material de entrenamiento para la transición a la vida adulta
Equipo del caballo adaptado

- ¿Cuenta con algún psicólogo Equura Terapias Ecuestres? y de ser así ¿Qué papel desempeña?

De manera permanente, desde la fundación de la Asociación, Equura cuenta una psicóloga especialista en mujeres y salud, doctorando, que, tras más de 4 años siendo voluntaria como auxiliar de terapias ecuestres, ahora desempeña el papel de monitora de terapias ecuestres, planificando y llevando a cabo sesiones de usuarios.

De manera puntual, también contamos con una Psicopedagoga y otra Psicóloga que intervienen cuando se hacen sesiones en grupo, llevando a cabo la actividad planificada.

Por último, desde hace ya 2 años, tenemos un convenio de colaboración de prácticas con la Facultad de Psicología de la Universidad de Comillas, formando a sus alumnos que realizan las prácticas en nuestro centro a lo largo de todo el curso escolar.

- ¿Con cuántos caballos cuenta Equura Terapias Ecuestres?

EQUURA contamos con más de diez ponys y caballos especialmente entrenados para llevar a cabo nuestra actividad.

- ¿Cuáles son los logros alcanzados por Equura Terapias Ecuestres?

A pesar de la juventud de la Asociación, en el último año de actividad, EQUURA ha ofrecido sus servicios a más de sesenta usuarios con diversas capacidades, fomentando las I.A.C., la práctica de la Equitación Adaptada, la inclusión en el Deporte Ecuestre, la formación de profesionales y el voluntariado activo.

Algunas de las entidades participantes en nuestras actividades han sido: "CPEE María Montessori", "ASTEA Henares", o Cruz Roja Madrid.

Un alumno y su entrenadora hemos participado en las I Jornadas Nacionales de Paraecuestre en Segovia, formándonos para el entrenamiento y la competición y como resultado de los esfuerzos de los dos últimos años, en el año 2014 podemos decir que el EQUURA Terapias Ecuestres tiene a varios de sus alumnos compitiendo a nivel Social, Territorial y Nacional tanto en Doma Clásica como en Doma Paraecuestre.

Además, podemos añadir que hemos conseguido subvención para que tres personas hayan recibido y sigan recibiendo un año entero de sesiones de terapias ecuestres con Equura, de forma totalmente gratuita para ellos y sus familias.

- ¿Cuáles son los objetivos a alcanzar en un futuro por Equura Terapias Ecuestres?
 Nos gustaría llegar a ser un centro de referencia de I.A.C. y de Equitación Adaptada.

- ¿Qué es y cómo surge la Terapia Ecuestre?
Las terapias ecuestres son un conjunto de terapias que utilizan al caballo como instrumento motivacional y medio terapéutico para la mejora de la salud y calidad de vida de personas que presentan alguna alteración física, de desarrollo y/o aprendizaje, emocional, cognitiva, comportamental y/o sociorrelacional.
El caballo funciona como co-terapeuta, ofreciendo respuestas inmediatas a las acciones del jinete en un contexto rico en estímulos, lejos del aula o de una mesa de tratamiento habitual, lo que favorece la predisposición del usuario a trabajar.
Los efectos que produce el caballo sobre el jinete, junto con el trabajo de los monitores, se traducen en los beneficios mencionados anteriormente.
Cuando hablamos de Terapias Ecuestres hablamos de diferentes maneras de intervenir con los caballos como co-terapeutas. Es necesario distinguir entre Hipoterapia, Equitación Terapéutica, Equinoterapia Social y Equitación Adaptada:
HIPOTERAPIA: La hipoterapia (activa o pasiva) se basa en los beneficios físicos que el caballo proporciona al usuario por medio del contacto físico, los impulsos rítmicos y su patrón de locomoción.
EQUITACIÓN TERAPÉUTICA: El caballo y el entorno son la principal motivación en alumnos con diversidad funcional para conseguir los objetivos planteados con cada usuario.
EQUINOTERAPIA SOCIAL: Es la Equitación Terapéutica enfocada a usuarios en situación de riesgo de exclusión social.

EQUITACIÓN ADAPTADA: Consiste en la enseñanza de la equitación deportiva adaptándonos a las características físicas, psíquicas o sensoriales del jinete.

La Terapia Ecuestre, como podemos ver más adelante, surge ya en la Antigua Grecia y a lo largo de su existencia se han ido fundamentando sus beneficios.

- ¿Está la Terapia Ecuestre fundamentada en una base teórica o solo experiencial?

Para contestar a esta pregunta, hablaré lo más brevemente posible de la historia de las Terapias Ecuestres.

Remontándonos a la Antigua Grecia, ya se recomendaba dar paseos a caballo para aumentar la autoestima de las personas que padecían enfermedades crónicas. En el año 460 a.C., fueron reconocidos los beneficios terapéuticos del caballo por Hipócrates, quien hablaba del saludable ritmo del caballo en su libro Las Dietas, aconsejando la equitación para regenerar la salud, mejorar el tono muscular y preservar el cuerpo de muchas dolencias y sobre todo en el tratamiento del insomnio.

Asclepiades de Prusia (124-40 a.c.), y Galeno (médico personal de Marco Aurelio) también recomendaban el movimiento del caballo a pacientes epilépticos y paralíticos, o como una manera de desempeñarse con mayor rapidez.

Dando un salto hasta el siglo XVI, Mekurialis, en su obra El arte de la gimnasia, señala que la equitación ejercita también los sentidos. Además, afirma que la equitación puede curar y prevenir algunas enfermedades.

En 1747, Samuel J. Quelmaz, médico alemán, inventó una máquina que imitaba los efectos inducidos por el movimiento del caballo. En su obra La salud a través de la equitación, encontramos por primera vez una referencia al movimiento tridimensional del dorso del caballo.

Las primeras investigaciones para demostrar el valor terapéutico de la equitación se fijan en 1875, cuando el neurólogo francés Chassaignac descubrió que un caballo en movimiento mejora el equilibrio, el movimiento articular y el control muscular, a la vez que mejora el estado de ánimo y que es particularmente beneficioso para pacientes con trastornos neurológicos y físicos.
A finales del siglo XVIII, Gustavo Zander, fisioterapeuta, fue el primero en afirmar que las vibraciones transmitidas al cerebro de 180 oscilaciones por minuto, estimulan el sistema nervioso simpático y el Doctor Rieder corroboró 100 años después que estas vibraciones corresponden exactamente a las recibidas sobre el dorso del caballo al paso. Para aquel entonces, y ya entrado en el siglo XIX, la literatura médica ya contenía referencia sobre los beneficios de montar a caballo.
En el siglo XX, Elisabeth Bodiker, fisioterapeuta, tras tratar a su amiga Liz Hartel a través de la monta terapéutica, quien se desplazaba en silla de ruedas, y conseguir que obtuviera una medalla de plata en 1952 en los juegos olímpicos de Helsinki, monta a caballo a jóvenes discapacitados de su clínica. Los resultados son tan positivos que las autoridades noruegas en 1953 abren un centro ecuestre para niños con discapacidad intelectual y motora. A la vez, en Francia, se abren dos grandes centros dedicados a las Terapias Ecuestres.
A partir de los años 60, varios centros especializados ven la luz a lo largo de todo el mundo, basados en el modelo alemán, dónde fundamentan el tratamiento en los movimientos del caballo y la respuesta del paciente. A estos centros se asocian médicos, fisioterapeutas, educadores, psicólogos...
En las últimas décadas, científicos y profesionales de la salud y la intervención social, siguen investigando y estudiando los beneficios y los fundamentos de las Terapias Ecuestres y la Equitación.

- ¿Para qué tipo de patologías está recomendado la Terapia Ecuestre?

Son altamente recomendables para personas con discapacidades o alteraciones motóricas, como por ejemplo Parálisis Cerebral, lesiones medulares, Síndrome de Rett, Hemiparesia... ; para personas con discapacidad cognitiva (T.E.A., T.G.D., T.D.A.H., Síndrome de Down, discapacidad intelectual...); para personas con alteraciones sensoriales (auditivas, visuales, problemas de integración sensorial...); para personas y colectivos en riesgo de exclusión social; para personas con problemas comportamentales y/o socio-relacionales; para personas con problemas emocionales y psicológicos leves como procesos depresivos, trastornos alimenticios, mutismo selectivo...; y para personas con altas capacidades.

- ¿Qué tiene de especial el caballo frente a otros animales para las terapias?
La gran ventaja del caballo es que el jinete puede beneficiarse de los movimientos del animal.
Un caballo al paso transmite al jinete entre 90 y 120 impulsos por minuto en una serie de oscilaciones tridimensionales como son avance y retroceso, elevación descenso, desplazamiento y rotación, lo que estimula al jinete física y neurológicamente. Este proceso permite que el cerebro sea consciente e identifique músculos y partes de su cuerpo favoreciendo el envío de instrucciones a estos.
La cadencia rítmica y constante del caballo al andar proporciona una forma ideal de trabajo y estimulación.
La posibilidad de variar las cadencias, aumentando o disminuyendo los ritmos del movimiento, así como la variación de los aires del caballo (paso, trote y galope), permiten una gran variedad de posibilidades de estimulación.
- A nivel psicológico y social, el caballo es un gran igualador, ya que el hecho físico de montar a caballo rompe con el aislamiento del usuario y lo pone en igualdad de condiciones con los jinetes sin discapacidad.
- A nivel emocional, el manejo de un animal de 500 kilos y la consecución de logros personales o deportivos en el día a día junto con el caballo, aumenta enormemente la autoestima.

- A nivel social, el caballo permite que el jinete se integre en un grupo social que realiza un deporte, la equitación, y que lo realiza en el mismo lugar y al mismo tiempo que la persona recibe su sesión.
Además, para los niños, el caballo pasa a ser un compañero de juegos en un entorno que no relacionan con los contextos de terapias y en el que se relacionan con otros niños, por lo que entienden la sesión como un rato de ocio y muestran mucha más disponibilidad para la consecución de los objetivos.

- ¿Sirve cualquier tipo de caballo para la Terapia Ecuestre?
No. En primer lugar, debe ser un caballo con un carácter adecuado (tranquilo, poco asustadizo, que sea sociable…), con una morfología adecuada y un movimiento regular en los tres aires.
Tras seleccionar al caballo por su carácter, éste pasa por una fase de entrenamiento especialmente adecuado a las actividades que va a realizar y los usuarios con los que va a trabajar, donde se les desensibiliza a elementos que no está acostumbrado a ver o escuchar en su contexto habitual (pelotas de colores, pompas, sillas de ruedas, sonidos de juguetes, material didáctico…)

- ¿Hay alguna contraindicación en la Terapia Ecuestre?
Hay casos contraindicados para la realización de Terapias Ecuestres, como por ejemplo la osteoporosis severa, la escoliosis estructural mayor de 30 grados o la epilepsia descontrolada o muy severa entre otros, por eso es muy importante contar siempre con un certificado médico que apruebe la realización de la actividad que Equura pide a todos sus jinetes.

- ¿Existe algún riesgo para la persona en la Terapia Ecuestre?

Equura exige a sus alumnos el uso de elementos de seguridad como el casco y pone a disposición del jinete elementos suficientes para reducir todos los riesgos. En la Equitación Terapéutica, trabajamos en una pista dos profesionales con el usuario y un caballo, este último va normalmente controlado por un profesional que lo agarra con un ramal de seguridad. En el caso de la equitación adaptada, y/o cuando los alumnos comienzan a manejar el caballo de manera independiente (sin nadie que guie al caballo del ramal) evidentemente el riesgo aumenta ligeramente, no hay que olvidar que estamos haciendo deporte y trabajando con un ser vivo, y como animal, siente, se mueve, y se comporta como tal. Pero el entorno está siempre controlado por los profesionales y los caballos especialmente entrenados para obedecer sus órdenes desde la distancia, lo que reduce los riesgos a un porcentaje muy bajo.

- ¿Qué beneficios alcanzan con la Terapia Ecuestre?
Son muchos los beneficios que se alcanzan con las Terapias Ecuestres. Podemos dividirlos en diferentes áreas: área física o motora; área emocional, psicológica y comportamental, área social y área cognitiva y sensorial.
A nivel motor y físico algunos de sus beneficios son: La mejora del tono muscular; la movilización del tronco y la pelvis; facilita el mantenimiento del tronco erguido; entrena la motricidad gruesa y fina además de la coordinación; incrementa la elasticidad, la agilidad y la fuerza muscular; favorece la adquisición de la lateralidad; mejora la propiocepción; permite trabajar disociación de miembros; facilita la precisión de movimientos y beneficia al sistema cardiovascular por medio de la disminución de la presión arterial entre otros.

A nivel psicológico, emocional y comportamental, podemos hablar de beneficios como: la mejora del estado de ánimo, el aumento de las conductas afectivas y positivas, la regulación de la impulsividad y el control emocional, el favorecimiento de la superación de temores, el aumento de la autoestima, el desarrollo de la confianza en uno mismo y en los demás, la estimulación y mejora de la concentración, la memoria y la atención, la estimulación de la intención comunicativa, el favorecimiento del respeto por los demás y por los animales y el aumento de la capacidad de adaptación a nuevas experiencias entre otros.

A nivel social, estos son algunos de sus beneficios: la motivación para el uso del lenguaje oral y no oral, el aumento del nivel de interacción social con otros usuarios o jinetes del centro y con los terapeutas, facilitando la inclusión social y el favorecimiento de la integración en grupos, con la consiguiente canalización para el diálogo social.

A nivel cognitivo, podemos hablar de beneficios como el aumento de los niveles de atención y conexión con el entorno, el favorecimiento de la localización temporal y espacial y la mejora de las funciones cognitivas en general (memoria, atención, lenguaje, percepción, solución de problemas, planificación).

Además, a nivel sensorial, el caballo y su entorno son una fuente de estímulos (olores, colores, sonidos, texturas, temperatura) que potencian las experiencias sensoriales.

- ¿Cuántas sesiones se precisan para conseguir beneficios con la Terapia Ecuestre?
Depende del tipo de usuario y de su motivación, de si hablamos de beneficios a nivel físico, cognitivo, social... de si se está interviniendo con él en otras terapias complementarias... Hay personas a las que se les pueden observar mejoras desde la primera sesión y otras personas que necesitan meses para mostrar algún avance.

Lo ideal para obtener avances de manera más rápida, es tener un jinete que esté motivado, con una familia o tutores que se comprometan a seguir ciertas pautas que ayuden a conseguir los objetivos marcados, que se esté interviniendo con él en otro tipo de terapias complementarias (fisioterapia, logopedia, terapia ocupacional...) y que todas las personas implicadas se encaminen hacia la consecución de unos objetivos comunes.

- ¿Cómo se organiza EQUURA una sesión de Terapia Ecuestre?

Las sesiones, normalmente de 45 minutos, se suelen estructurar de la siguiente manera: Llegada del alumno, saludo a terapeutas y caballos, cepillado del caballo (y en algunos casos equipar al caballo), monta, actividades, bajada del caballo y despedida de terapeutas y caballo.

Una vez montados, se realizan varias actividades diferentes con una duración determinada dependiendo de la edad y capacidad del jinete. Por ejemplo, un niño de 4 años puede realizar más de cinco actividades distintas en esos 45 minutos, con descansos entre cada actividad para adaptarnos a su nivel de concentración. Un adulto sin discapacidad intelectual no necesita tantas actividades diferentes o tantos descansos entre ellas, ya que puede mantener su capacidad de concentración durante más tiempo.

De manera que las actividades que se realizan, siempre dependen del usuario, sus capacidades y su edad, y no existe una estructura general válida para todos.

CONCLUSIONES

En este ebook se ha ofrecido una visión amplia sobre el mundo animal, y su "utilidad" para los humanos.
No sólo en la información que proporciona en cuanto a las semejanzas y diferencias con los humanos, sino también en la búsqueda de nuevos fármacos se refiere.
Igualmente se presentan las ventajas de su uso en la rehabilitación de algunas psicopatologías.

SOBRE JUAN MOISÉS DE LA SERNA

Es Doctor en Psicología, Master en Neurociencias y Biología del Comportamiento, y Especialista en Hipnosis Clínica, reconocido por el International Biographical Center (Cambridge - U.K.) como uno de los cien mejores profesionales de la salud del mundo del 2010. Desarrollando su labor docente en distintas universidades nacionales e internacionales.

Divulgador científico con participación en congresos, jornadas y seminarios; colaborador en diversos periódicos, medios digitales y programas de radio; autor del blog "Cátedra Abierta de Psicología y Neurociencias" y de diecisiete libros sobre diversas temáticas.

Actualmente desarrolla su labor de investigación en el ámbito del Big Data aplicado a la Salud, para lo cual trabaja con datos provenientes de la India, EE.UU. o Canadá entre otros; labor que complementa con la asesoría a Startups tecnológicas orientadas a la Psicología y el Bienestar personal.